CATALOGUE

D'UNE

COLLECTION D'ESTAMPES ANCIENNES

D'APRÈS ET PAR DES PEINTRES ET GRAVEURS
DES ÉCOLES D'ITALIE, D'ALLEMAGNE, DE FLANDRE, DE HOLLANDE,
DE FRANCE ET D'ESPAGNE.

DE DESSINS, D'ANCIENS LIVRES CURIEUX
Sur les sciences et les arts,

De nielles florentins, d'ornements pour l'orfévrerie par des artistes du XVe au XVIIe siècle,

PROVENANT DE LA SUCCESSION

de DOMINIQUE TIÉPOLO,

Peintre Vénitien,

DONT LA VENTE SE FERA

Le Lundi 10, *Mardi* 11, *Mercredi* 12 *Novembre* 1845,
à six heures du soir,

HOTEL DES VENTES,

Rue des Jeûneurs, 16,
Par le ministère de Me BONNEFONS DE LA VIALLE,
commissaire-priseur.

Exposition publique le dimanche 9 novembre, de midi à quatre heures.

Se distribue à Paris :

Chez { Me BONNEFONS DE LA VIALLE, Commissaire-Priseur, rue de Choiseul, 11 ;
M. DEFER, marchand d'estampes, quai Voltaire, 19.

1845.

ORDRE DE VACATION.

Première Vacation, lundi 10 *novembre* 1845.

Portraits. . . . . nos 224 à 235.
Ornements . . . . . . nos 187 à 200.
Ecole allemande . . nos 87 à 137 bis.
Dessins . . . . nos 296, 1 à 12.

Deuxième Vacation, mardi 11 *novembre.*

Faits historiques. 210 à 219.
Ornements . . . . . . 201 à 209.
Ecole italienne . . . 13 à 86.

Troisième Vacation, mercredi 12 *novembre.*

Livres . . . . 248 à 264.
Portraits . . . . 236 à 247.
Vues . . . . 220 à 223.
Ecole française . . . 138 à 186.
Livres . . . . 265 à 295.

Cinq pour cent en sus des enchères, applicables aux frais.

AVANT-PROPOS.

L'année qui vient de s'écouler a été favorable aux amateurs qui recherchent des estampes rares et choisies ; les collections Pagin, Revil et de M. Debois (*) leur en ont fourni. La collection dont

(*) L'occasion de citer cette collection de M. Debois ne me permet pas de passer sous silence un compte qui en a été rendu par un petit journal (*l'Iconographe*, *Journal des Marchands d'Estampes*), qui déjà précédemment avait donné les prix des première et deuxième parties. Dans la troisième et dernière, l'ignorance et la malveillance ont trompé la bonne foi du directeur (M. Dutertre), homme honorable. Une dépréciation de cette collection, un peu tardive, puisqu'elle ne vient et n'atteint que la troisième partie, ne me donnera pas beaucoup de peine à réfuter d'abord, en signalant la négligence avec laquelle les prix ont été relevés. Prenant au hasard, je trouve, nos 1116-1117, *deux estampes, par Strange*, payées par moi 100 fr., marquées 10 fr.— No 1080, *Martin Schongauer*, vendu 360 fr., marqué 3 fr. 60 c. — No 769, Portrait de Gilles Boileau, par Nanteuil, bien constaté original, signalé copie, *évidemment dans l'intention de nuire*. Plusieurs autres erreurs de ce genre et omissions de prix à des pièces importantes. Cette inexactitude est remplacée par les mots suivants, répétés à profusion avec variantes: *belle épreuve détériorée par le soleil, altérée par la lumière, par la lavure, décolorée, etc., etc., etc.* L'auteur de ces additions, pour être conséquent, aurait dû au moins supprimer les mots belle ou très belle, par exemple, no 1230, *Descente de Croix, par Worsterman, très belle épreuve avant l'adresse, altérée à la lumière*; cette épreuve soi-disant altérée venait des cabinets en réputation de Valois et Druon, et je l'ai payée 249 fr., prix supérieur à ceux obtenus aux ventes de ces deux collections. Je conclus par un fait : la collection de M. Debois se composait de dix huit cents estampes, la vente a produit la somme de *deux cent trois mille quatre-vingt-un francs*, par la concurrence et la présence de ce que la France, l'Angleterre, l'Allemagne et la Hollande comptent d'anous présentons le catalogue leur offrira encore une occasion de complément dans les maîtres étrangers distingués, dont les productions sont peu connues dans notre pays ; de ce nombre des eaux-fortes des peintres espagnols Herrera, Arteaga et Goya; de rares portraits de maîtres allemands du XVIe siècle ; d'anciens livres rares et curieux sur les sciences et les arts ; d'une grande quantité d'estampes de peintres et graveurs de toutes les écoles, devenant tous les jours plus rares à trouver réunies en collection.

Une suite intéressante d'ornements pour l'orfévrerie, la serrurerie, la bijouterie au XVIe et XVIIe siècles ; des eaux-fortes de Canalletti, et de Dominique Tiépolo, peintre vénitien vivant à Madrid vers 1780, et de la succession duquel provient cette collection.

mateurs distingués et de notables commerçants, qui n'ont soulevé, chose rare, aucune espèce de réclamation, ni avant, ni pendant, ni après la vente. Je devais à leur bienveillance et à la confiance du possesseur de cette remarquable collection, la réfutation de la malveillance qui a présidé à ce compte-rendu, malveillance que je ne saurais qualifier.

P. DEFER.

CATALOGUE

D'UNE

COLLECTION D'ESTAMPES, DESSINS ET LIVRES D'ARTS.

Dessins.

1. Ex voto. Miniature sur vélin pour un titre de livre de noblesse sous Philippe V, roi d'Espagne.

2. La Vie et Aventure d'un saint hermite. Suite de vingt-huit dessins à la plume, lavé au bistre dans le goût de Tempette. Un vol. in-fol., rel. en vélin.

3. Suite de dessins italiens, et textes non publiés pour les prophéties d'ell' Abatte Gioachino.

3. **Alonzo Cano** (attribué à). — Sujets de saints pour des pendentifs. Quatre dessins à la plume lavés au bistre.

5. **Claudio Coello.** — L'Annonciation, très bon dessin à la plume et au bistre, vigoureusement lavé d'encre de Chine. Assomption de la Vierge, dessin au crayon; école de Murillo.

6. Portrait de femme. Quatre autres dessins par Herrera, Castillo, etc.

7. Suite de sujets de la fable, d'après les peintures à fresques du Guaspre Poussin, Pietre de Cortonne, etc., dans divers palais de Rome. Dix dessins par *S. Ferrato*.

8. Dessins d'arabesques, de cartouches, panneaux d'ornements, de tapisseries, par divers artistes.

9. Trois dessins par des artistes espagnols, au XVIIIe siècle. Un est sur vélin.

10. *École italienne.* Vingt dessins de divers maîtres.

11. Vingt dessins anciens par divers maîtres.

12. Vingt-deux dessins divers, têtes, paysages, etc.

Estampes.

PEINTRES ET GRAVEURS ITALIENS DU XVe AU XVIIIe SIÈCLE.

13. *Nielles par des orfèvres florentins aux XVe et XVIe siècles.* Un homme mort couché à terre sur des rochers, la tête près du bord droit de l'estampe. Une femme se jette sur lui en lui prenant les mains et cherchant à le délivrer des liens dont ses bras sont enlacés. Dans le haut du coin, à droite, cinq arbres. Largeur, 41 mill.; hauteur, 25 mill. Ce curieux et très rare nielle est d'une grande finesse de travail; le dessin appartient à un artiste du XVe siècle, contemporain de Mantegne. Nous ne l'avons pas trouvé décrit ni dans le Catalogue de Cigognara, non plus dans l'essai sur les nielles de M. Duchesne aîné.

— *Autre nielle :* Deux figures ; une d'un gracieux dessin, représentant un homme assis à gauche sur une table antique, tenant de sa main droite le poignet, et de sa gauche les cheveux d'une femme assise à côté de lui. Ces deux figures, ainsi que deux banderolles sur lesquelles on lit, à rebours à droite, NONE. S. E. NPO.; à gauche, TVSTARA, se détache sur un fond noir formé d'une taille verticale. L., 32 mill.; h. 27 mill. Beau nielle; il manque un coin du bas à droite, mais qui n'attaque rien du dessin.

14. **Mantegne (André).** — La sépulture (3). Bacchanale à la cuve (19). Quatre morceaux du Triomphe de César, gravés par Andréani.

15. **Montagna (Benoît).** — La Vierge vue à mi-corps, les mains jointes ; elle est dirigée à droite, en avant d'un appui sur lequel est le Sauveur assis sur le pan du manteau de sa mère ; il tient un oiseau de la main gauche. Derrière la Vierge, une grande draperie et un mur à hauteur d'appui. Belle et rare pièce, sans marque ; elle est parfaitement conservée.

16. **Michel-Ange.** (d'après). — Sainte-Famille. Chute de Phaëton. Le Songe. Léda. Étude de figure : cinq pièces par Ph. Thomassin, Béatricet, Cherubin Albert, etc.

17. **Raphaël** (d'après). — L'Annonciation. L'Assomption. La Bataille de Constantin. La Visitation : cette dernière, d'après André del Sarte, du cloître de l'Annonciade. Cinq pièces par Cavalerius et autres graveurs italiens.

17 *bis*. — Les Loges de Raphaël au Vatican ; gravées à l'eau forte par Baldochio et Lanfranc. Trente-trois pièces ; plusieurs chimères, gravées par Maglioli. Vingt-et-une pièces.

18. Les Loges du Vatican, peintes par Raphaël et gravées par Chaperon. Très belles épreuves, avec l'adresse de Desnos. In-fol. obl., broché, fig. 54.

19. La Vierge et l'Enfant-Jésus. La Vierge au palmier. Héliodore. Dispute du Saint-Sacrement. Quatre pièces d'après Raphaël.

20. **Marc-Antoine Raimondi.** — Dieu ordonnant à Noé de bâtir l'arche (3) ; belle épreuve mal conservée, d'une pièce rare. Joseph et la femme de Putiphar (9). David vainqueur de Goliath (12) ; belle épreuve. La Reine de Saba (13) ; bonne épreuve.

21. **Massacre des Innocents (20). Deuxième planche. Belle épreuve ; manque de conservation.**

22. Les apôtres. Suite de treize pièces, **64** à **76** ; manque les n°s 70, 73, 74 ; plus, saint Simon et saint André, par Marc de Ravenne. Douze pièces.

23. Saint Jean (**128**). Saint Barthélemy (**130**). Deux pièces de la suite des petits saints.

24. Apollon (334). Angélique et Médor (484) ; copie.

25. Jeune homme au brandon (350).

26. Vierge assise sur les nues (47). Vierge aux poissons (54). Deux estampes mal conservées.

27. Alexandre faisant serrer les livres dans la cassette d'Homère, Bartsch, copie A (*).

28. La Descente de croix. Le Parnasse et le jugement de Pâris, d'après Raphaël. Trois copies des estampes de Marc-Antoine. Très belles épreuves.

29. Sainte Cécile. Vierge au berceau. Les Trois Grâces. Le Bas-Relief. Galatée. Lucrèce, etc. Treize pièces copiées d'estampes de Marc-Antoine.

30. Bacchus entre deux faunes (Bartsch, vol. 15, p. 455, n° 7.)

31. Le Buisson ardent. La Chute des géants. Vénus. Junon, etc. (30). Trente pièces d'après Raphaël et autres maîtres, par des graveurs anonymes de l'école de Marc-Antoine. Trois lots.

32. **Augustin Vénitien.** — Marche de Silène (240). Belle épreuve avant l'adresse de Salamanque.

(*) Après examen fait de cette estampe, nous nous rangeons à l'avis de M. Zanetti qui désigne cette estampe dans le catalogue du comte de Cigognara, comme une épreuve retouchée de la planche originale. Notre épreuve est avant les mots *Rafa, Urb. inue.* dans la tablette ; elle est très vigoureuse de ton et parfaitement conservée.

33. Ananias frappé de mort (42). Vénus et Vulcain (349). Camille (201). Bacchantes (250). Vénus et l'Amour (286). Hercule (315). Cinq pièces, plus la copie du Portement de croix, n° 28.

34. L'Archevêque de Brinde (517). Morceau rare.

35. **Marc-de-Ravenne.**—La Bataille (420); belle épreuve. Vénus blessée (321).

36. **Caraglio.** — Le Martyre de saint Pierre et saint Paul (8). Travaux d'Hercule, nos 48-49. Belles épreuves avant *Antoine Salamanca.* Alexandre et Roxelane, contre-épreuve.

37. Les Muses et les Piérides (53), d'après le maître Roux. Cette estampe est très rare, la planche ayant été usée; Encas Vicus l'a entièrement regravée.

38. **Bonasone.** — Judith (8). Clélie (83).

39. Saint Paul prêchant (72). Saint Pierre et saint Paul (73). Mercure et Minerve (168). Midas (89). Silène (90), etc. Neuf pièces.

40. Le Triomphe de l'Amour (106). Midas et Silène (89 et 90), et Appendice (23); plus la copie du Phénix de Béatricet.

41. Mariage de sainte Catherine (47). Clélie (83). Silène (88).

42. Achillis Bocchii Bonon symbolicarum quæstionum, etc. Bononiæ, 1573. In-8°, rel. vél., fig. de Bonasone.

43. **Maître-au-Dé.** — La Trinité (10). Histoire d'Apollon et Daphné (19-22). Priape (27). Deux frises (36-37). Tapisseries (33-35). Énée (72). Sujets de Scipion (73-74). En tout seize pièces, d'après Raphaël et l'antique.

44. **Maître-au-Dé.** — Joseph vendu (1). Apollon et Marsias (31). 1er État. Combat naval (78). Priape (27). Tapisseries (33-35). Frises (36-37). Gladiateurs (77). Neuf pièces, d'après Raphaël.

45. **Raphaël.** — La fable de Psyché, trente-deux pièces d'après Raphaël, par le Maître-au-Dé et Augustin Vénitien.

46. **Beatricet (Nicolas).** — Portrait de Henri II, roi de France (3), belle épreuve du premier État avec l'année 1556 ; rare.

47. La Nativité, d'après un vieux maître. L'Arbre de la Croix, par Beatricet. La Nativité, d'après le Parmesan, par C. Cort; et l'Assomption de la Vierge, d'après Cespedes, tableau à la Trinité du Mont, à Rome ; quatre pièces.

48. **Énée Vico.** — Tarquin (15). Lucrèce (16). Les Grâces (20). Léda (25), belle, avant l'adresse d'*Ant. Sal.* Les Muses et les Piérides (29), et copie du Combat des Lapithes (30). Sept pièces.

49. Vases antiques (420-433); il manque les numéros 8 et 9 à cette suite qui est de quatorze pièces; plus, cinq vases et candélabres dans le goût de Vico. Publiées à Rome en 1544 et 1552. Dix-sept pièces.

50. Cosmes de Médicis, d'après Baccio Bandinelli, 1544. *N. D. Lacasa F. Ant. Lafrery Romæ.*

51. **Mantuan (Georges).** — La Visitation (1). Le Père Éternel soutenant le Christ (14). Deux pièces, la première d'après Salviati.

52. L'Amour et Psyché (45), première épreuve avant la draperie. Elle manque de conservation.

53. Les angles de la chapelle Sixtine, au Vatican (17-22).

54. Neptune, d'après Perin del Vaga (31). Vénus, copie du nº 40. Le Parnasse, d'après L. Penni (58). Apollon (20). Les Pêcheurs (106). Ces deux dernières, par Adam Mantuan.

55. Les Études de figure de Michel-Ange à la chapelle Sixtine, soixante-douze pièces gravées par Adam Mantuan.

(Manquent les numéros 1 à 7, 12, 13, et 68 à 72, et le titre.

56. **Franco (Baptista).** Les Noces de Psyché (47), pièce rare de deux feuilles. Trois feuilles contenant des sujets gravés d'après des camées antiques, dans le goût de Franco. Épreuves sans marque.

57. **Rota (Martin).**—Rudolphe II, empereur, nos 95 et 96. Un portrait de De Noailles, abbé de Saint-Amand, etc. On lit sur ce portrait, *Nicolaus Andrea faciebat Constantinopoli*, 1578. La marque du maître au haut à gauche.

58. **Sanuti.** — Bacchanale, pièce libre. Elle est rare.

59. **Tiepolo (Jean-Dominique).** — Épisodes de la vie de la Vierge, 1750. Saint Jérôme, François de Paule, Fuite en Égypte, etc., 13 pièces, belles épreuves.

60. Têtes de vieillard à grandes barbes, en coiffures juives de rabin; sept pièces sans aucune marque, belles épreuves. Plus une feuille Saint Jérôme, Fuite en Égypte, Saint François de Paule.

61. Saint Charles, Sainte Rose de Lima, et autres saints et saintes martyrs; quatre compositions de Jean-Baptiste Tiepolo, gravées à l'eau forte par Jean-Dominique Tiepolo fils. Belles épreuves, les deux premières avant la lettre. Rares.

62. Notre-Dame du Mont-Carmel, la Peste de Florence et le Jugement dernier, etc.; quatre sujets peints en plafonds par Jean-Baptiste Tiepolo, et gravés par Dominique et Laurent Tiepolo fils.

63. **Canal** dit **Canaletti (Antoine).** — Vues de Venise, dix-huit pièces gravées à l'eau forte par ce maître, très belles épreuves, plusieurs avant les lettres isolées qui se voient dans la marge, et le titre avant la lettre. Très rares.

64. **Maîtres divers.** — Cinquante-deux pièces gravées à l'eau forte, par S. Rosa, Del Moro, Castiglione, della Bella, Londonio, Reinhart, et autres artistes italiens.

65. **Volpato (Jean).** — L'École d'Athènes, d'après Raphaël, belle épreuve.

66. Attila, roi des Huns, l'Incendie du bourg, deux pièces d'après Raphaël.

67. **Morghem (Raphaël).** — La Jurisprudence, d'après Raphaël, belle épreuve.

ÉCOLE ESPAGNOLE.

PEINTRES ET GRAVEURS.

68. **Murillo (Barthelemy-Esteban).** — Saint Bernard invoquant la Vierge, beau tableau de la galerie de Madrid, gravé par F. Muntaner, épreuve avant la lettre.

69. **Vélasquez (Diego).** — Velasquez peignant le portrait de l'infante Dona Marguerite-Marie d'Autriche. Tableau capital de la galerie de Madrid, gravé par Audouin, épreuve avant la lettre non terminée.

70. **Ribera** dit **l'Espagnolet.** — Le corps mort de Jésus (1), Saint Sébastien (2), Silène (13). Épreuve du premier état avant la dédicace.

71. **Arteaga d'Alfaro (Mathias d'),** *peintre et graveur de l'école de Séville.*

La Giralde et l'Intérieur de l'église de Séville, quatre pièces par Arteaga.

72. Ferdinand III, roi de Castille, d'après Murillo; titre de l'ouvrage *Fiesta de la santa iglesia de Sevilla.*

73. Décorations et emblèmes dans l'église de Séville, à l'occasion de la Saint-Ferdinand, dix pièces gravées à l'eau forte

en 1671 et 1672 par Arteaga, Baldès et Louis Moralè Combat de taureaux à Madrid, dessiné et gravé par Ant. Carnicero, en 1791.

74. **Villafranca Malagon (Pierre de),** *peintre et graveur de l'école de Madrid.*—Élisabeth de Bourbon, reine d'Espagne. La Religion et la Vérité tiennent une couronne au-dessus de son portrait; au-dessous ses armes sous lesquelles on lit : ***Petrus a Villafranca, inuen et sculp. Matriti,*** **1645.** Belle pièce.

75. **Obregon (Diego de).** — Saint Ignace de Loyola, gravé à l'eau forte, d'après *Alonzo Cano.*

76. **Goya (*) (François)**, *peintre et graveur espagnol au XVIIIe siècle.*

— Velasquez peignant l'infante Marguerite, pièce capitale de Goya, gravée à l'eau forte, d'après le beau tableau de Velasquez connu sous le nom de ***Las Meninas.*** Cette estampe est de la plus grande rareté; il n'en a été tiré que trois épreuves, la planche ayant été brisée.

77. Les Caprices ou Satyres et Caricatures, inventées et gravées par Goya; en tête son portrait. Quatre-vingts pl. in-4°, demi-rel., bonnes épreuves. Livre rare.

78. Neuf pièces de l'ouvrage ci-dessus; cinq sont épreuves avant la lettre.

79. Ésope, un nain, un philosophe, Barberousse, un infant, six pièces gravées d'après Velasquez.

80. Un infant espagnol, d'après Velasquez; deux épreuves, une avant toute lettre, épreuve d'eau-forte pure, la seule connue. Le pauvre aveugle enlevé par un taureau; cette dernière pièce est fort rare, n'ayant pas été publiée.

(*) Voyez pour le catalogue des eaux-fortes de ce maître, le cabinet de l'amateur et de l'antiquaire, 3 vol. in-8°, publiés.

81. Philippe IV, roi d'Espagne, Marguerite d'Autriche et Isabelle de Bourbon, femmes de Philippe III et Philippe IV. Ils sont représentés à cheval, d'après Velasquez.

82. **Perete,** *graveur français non cité, travaillant à Madrid au XVIIe siècle.*

— *Dona Ana Mauritia d'Austria, R. D. Francia, Perete f.* La reine Anne d'Autriche est représentée assise sur un cheval richement caparaçoné : elle est vêtue du riche costume espagnol. Pièce rare, elle manque de conservation.

83. **Maîtres divers.** — La sœur Françoise-Dorothée *C. Sehutt f. Hispa.* Portrait de Charles VI, dans un frontispice allégorique. *D. F. de Herrera f.*

84. Marie d'Angleterre, femme de Philippe II d'après A. Moro, une bergère d'après Zurbaran, une dame inconnue, etc.; cinq pièces épreuves avant la lettre, gravées par Vasquez en 1793. Deux lots.

85. Sainte famille; Philippe-le-Bon, fondateur de la Toison d'or; Joseph de Siguenza; Charles V, d'après le Titien, Alonzo Perez, F. Silva Alvarez, Joseph Alvarez, la reine Marie, neuf pièces d'après divers maîtres, par Carmona, Selma et autres graveurs.

86. Saint Bruno d'après le marbre d'Em. Pereyra, par J. Palomino, 1744. Deux portraits, seigneur et dame espagnols, gravés par Bonacina, trois pièces.

ÉCOLE ALLEMANDE.

PEINTRES ET GRAVEURS DU XVe AU XVIIe SIÈCLE.

87. **Anonymes.** — Trente-deux pièces gravées en bois, sujets pieux tirés de la *Chronique de Nuremberg;* sujets pour un Virgile.

88. Quatre-vingt-dix-sept vignettes gravées en bois, la danse de la Mort.

89. *Retratos o tablas de las historias del Testamento....., etc. En lion de Francia so el escudo de colonia, ano* **1543**, in-8°, fig. (92) en bois, attribuées à Holbein. Édition des frères Frélon; elle est en espagnol et très-rare.

90. **Albert-Durer.** — Assemblée des gens de guerre (88). Rare.

91. Le Cavalier et la Dame (94). Les effets de la jalousie (73).

92. Adam et Ève, n° 1. Saint Jérôme (61). Mélancolie (74). Les armoiries à la tête de mort (101). Albert de Mayence (103) et copies des n°s 25, 38, 39, 40, 58. Onze pièces.

93. La Passion, suite de trente-sept pièces (16-52); manque le titre. Christ en croix (55). Les saints Étienne, Grégoire et Laurent (108). La Mort et le Soldat (132). En tout trente-neuf pièces gravées en bois.

94. La Cène (5). La vie de la Vierge, suite de vingt pièces (76-85); manquent les n°s 77, 78, 94. Belles épreuves avec le titre latin au verso.

95. *Alberti Dureri a varietate figurarum et flexuris partium*, etc., *lib.* 2. *Norimbergæ*, **1532**, un vol in-folio, fig. Édition très estimée.

N. B. Dans les premiers cahiers du livre se trouvent de plus quatre feuillets du livre de *la Fortification*, du même auteur, qu'on avait relié par méprise.

96. **Beham (Ham).** — Suite de différents sujets de l'Ancien Testament, les quatre évangélistes et saint Paul, troisième édition, 79 pièces y compris le titre. Bartsch n'en indique que 73 (1-73).

Les visions de l'Apocalypse, suite de 28 pièces (Bartsch 92-120).

97. **Pencz (George).** La prise de Carthage (86), et deux pièces des Triomphes de Pétrarque, n°s 119 et 122.

98. Adam et Ève, Vierge, les Évangélistes, les Travaux d'Hercule, les Vertus et les Vices, etc., quarante-trois pièces par H. Beham, Aldegrever, G. Pencz, J. Binck, etc.

99. **Zundt (Mathias).** — Charles IX, roi de France. Il est représenté à mi-corps, vu de profil, tourné vers la droite; il tient de la main droite le sceptre; devant lui un coussin brodé au bas duquel on lit : Charles IX, Roy des François, l'an de grasse (*sic*) XVIII. MDLXVIII. Autour de l'ovale, on lit : *Carolus IX, Galliarum rex, anno ætatis suæ* XVIII ; et sur le côté d'une table : *Cum gratia et priu imperiali Mathias Zundt.* Cette pièce que ne décrit pas Bartsch est de la plus grande rareté. Hauteur : 22 c. L. 16 c. 5 m.

100. Louis de Bourbon, prince de Condé, 1568. (B. n° 1) Jean de Valetta (*), grand-maître de l'ordre de Malte, 1566 (2). Ces portraits sont rares.

101. **Pleginck (Martin)**, graveur allemand, vers 1590.— Dignités et ordres ecclésiastiques, (1-7.) Différents militaires à pied, (15-21) (manque une pièce). Le Brancard (22). Les Escrimeurs (22). Nous avons sept pièces. Bartsch n'en connait que cinq. Plusieurs autres pièces par Mathias Beytler, et autres; quarante-six pièces.

102. **Hollar (Wenceslas.** — Quatre sujets de l'histoire d'Angleterre, Charles Ier et Henriette de France; Vue générale de la ville et du château d'Heildeberg; Costumes

(*) Ce portrait que Bartsch décrit par erreur sous le nom de *Jean de Ralêta*, est celui de Jean Parisot de Lavallette, quarante-huitième grand-maître de l'ordre de Saint-Jean de Jérusalem à Malte, qui s'illustra en défendant Malte contre les Turcs, en 1665.

de femmes des diverses parties du monde, etc., quarante et une pièces.

103. **Maîtres divers.** — Sujets militaires et animaux, par W. Baur, Rugendas et Ridinger, vingt pièces.

ÉCOLE FLAMANDE ET HOLLANDAISE.

PEINTRES ET GRAVEURS.

104. **Lucas de Leyde.** —Vieux Testament (B. nº 1, 2, 3, 6, 18, 19, 23, 26, 30). Nouveau-Testament (76), copie. Les Apôtres (88, copie, 91, 92, 93, 95, 98). Les Sept Vertus (127-133), le Seigneur et la Dame (145), le Chirurgien (156). En tout, vingt-six pièces dont deux copies, et le nº 3 double.

105. **Jacob Bos**, surnommé **Belga**, *graveur vers* 1550. *Son burin tient encore de l'école de Marc-Antoine.* — Deux femmes vues jusqu'aux genoux ; la plus âgée vêtue d'un riche costume florentin, est assise, tenant de la main droite un œillet, de la gauche un alphabet, pièce rare.

106. **Henri Goltzius.** — Portraits de Henri IV (B. 173). Premier État non décrit avant l'adresse d'Hermand Aldolph, mais avec celle de Paul de la Honne. Il est mal conservé.

106 *bis.* Autre portrait d'Henri IV, en 1592. Il est coiffé d'un chapeau. Planche ovale. Très belle épreuve d'un morceau très rare.

107. **Jacques Matham.** — Le Calvaire, d'après Albert-Durer. Cette estampe est dédiée à Henri de Bourbon, prince de Condé ; le dessin se voit au Musée royal. Belle épreuve d'une pièce capitale du maître.

108. Diane surprise par Actéon, d'après Morelsen, par *Matham*, et costumes et scènes diverses par Saeredam, de Geyn, Assuérus Londersel, etc. Neuf pièces.

109. **Crispin de Pas.** — Christian, duc de Saxe; Ernest, archevêque de Cologne; Joachim, marquis de Brandebourg; Frédéric; comte Palatin; Lothaire, archevêque de Trévise; Rudolphe, empereur. Sept portraits équestres, d'après Brun. Les Mois de l'Année, douze pièces, d'après Martin de Vos (manque Août). Les Muses et les différents âges de la vie; dix-neuf pièces, dessinées et gravées par de Pas. Six pièces du manège de Pluvinel, titre de livre, etc. Quarante-cinq pièces.

110. **Sadeler (Jean et Égide les).** Charles de Longueval (1621); Comte de Schwarzemberg. Chronologie des souverains allemands. É. Sadeler, 1629. Huit feuilles in-fol. Rare.

111. Les Sybilles, par Lambert Suavius; diverses autres pièces d'après Th. Bernard, D. V. Boens, etc. Vingt-trois pièces, plusieurs gravées par les Sadeler et autres graveurs flamands de la fin du XVIe siècle au commencement du XVIIe.

112. **Bruyn (Nicolas de).** — Adam et Ève dans le Paradis, le prophète Ézéchiel, Nabuchodonosor et le Massacre des Innocents. Quatre pièces.

113. La Passion par N. de Bruyn, et autres sujets divers. Dix-sept pièces.

114. **Wierx (Jean et Jérôme les).** Catherine de Bourbon, sœur unique du roi Henri IV. Dans la marge du bas quatre vers : *Qui void ce beau portrait. ...... etc. Jean Wierx sculpsit Antverpiæ. Avec priuil. du Roy. H. Hondius excudit* : 1647 *Hagæ-Comit.* Belle épreuve d'un portrait rare.

115. Henriette de Balzac d'Entrague, Marquise de Verneuil. Beau portrait gravé par Jérôme Wierx en 1600. L'épreuve belle, est rognée au trait carré.

116. Catherine de Médicis, femme d'Henri II. Jeanne d'Albret, reine de Navarre. Deux jolis et rares portraits par J.-J. Wierx.

117. Marie de Médicis. Belle épreuve d'un joli et rare portrait.

118. **Pontius.** — Portrait de Nicolas Rocock. Épreuve avant la lettre.

119. **Vorsterman** (**Lucas**). Gertrude van Veen, peintre, peint par elle-même; *L. Vorsterman*, sculps. Épreuve avant toute la lettre d'un portrait rare.

120. La Nativité, d'après Rubens. Autres sujets gravés par Lucas Vorsterman et van Thulden. Divers sujets peints et gravés par G. de Lairesse. En tout six pièces.

121. **Suiderhoeff** (**Jonas**).—Portrait de Swalmius, d'après Rembrandt, très belle épreuve. F. Delboë, par van Dalen; Vondel, par C. Visscher. Trois pièces.

122. **Rembrandt.** — Rembrandt avec un hausse-col, B. n° 23. Rembrandt avec sa femme (19). L'Annonce au berger (43). Le Marchand de mort-aux-rats (121). Quatre pièces; anciennes épreuves.

123. Mardochée (40). Joseph et Putiphar (39). Christ en croix (80). Utemborgard (279). Vieille femme assise (343). Quatre pièces.

124. La Sainte-Famille, par F. Bol. Portrait de femme par Livens. Deux pièces; anciennes épreuves.

125. **Dyck** (**Antoine van**). Le Titien et sa maîtresse, et la copie par de Paulis. François de Montcade, et Philippe le roi, gravé d'après van Dick par Vorsterman et Pontius. Ces deux derniers portraits avant la lettre.

126. Les comtes et comtesses d'Angleterre, d'après van Dick, par P. Lombart. Douze pièces.

127. **Dujardin (Karle).** — Riche paysage, au premier un âne entre deux moutons. Premier état avant le n° 32.

128. *Du même.* Divers animaux (n°s 1, 23, 28, 35, 36, 37, 38, 39, 40, 41, 43). Le titre des animaux de Pierre de Laer, et un chien de Fyt (n° 15).

129. **Moor (Carle de),** *peintre, a gravé à l'eau-forte.* — Portrait de F. Mieris.

130. **Waterloo (Antoine).** — Paysage avec épisodes de l'Ancien-Testament (n° 132, 134, 135). Très belles épreuves.

131. **Swanevelt (Herman).** — Paysages gravés à l'eau-forte. Treize pièces, plusieurs avec l'adresse de Bonnart. Paysages par Jean Both, et Waterloo. Sept pièces; en tout 20 estampes.

132. Fuite en Égypte (n° 99); épreuve avec le mot *excudit.* Élie dans le désert (69). Salmacis et Hermaphrodite (71); épreuve avec l'adresse de Rossi. Paysages par van Uden n°s 24, 25, etc.). En tout neuf pièces.

133. **Goudt,** comte palatin (**Henri**). Tobie et l'Ange. Morceau gravé en 1613.

134. **Berghem (Nicolas).** — Divers animaux, plusieurs gravés à l'eau-forte par ce maître (n°s 6, 13, 14, 15 et 16); les autres par Jean Visscher. En tout, vingt-sept pièces, y compris quelques pièces d'après Paul Potter, Ostade, Stoop, etc.

135. **Blecker.** — Paul et Barnabé à Listre. *G. Blecker,* 1638 (5).

136. Maîtres divers. Dix-neuf pièces, sujets et paysages, gravés à l'eau-forte par Jean Miel, Jean van de Velde, Rogman, van der Cabel, F. de Neue; et Marines par Seeman.

137. Un gros volume, grand in-4°, avec près de 200 estampes de plusieurs livres de la Bible; Les Éléments; Victoires de Charles V; Victoires d'Alexandre-le-Grand; Les Écuries de D. Juan d'Autriche, etc., sur les compositions de Hemskerk, de F. Floris, de Stradan et M. de Vos, P. Breughel, etc. Très bonnes épreuves.

137 *bis*. Un capitaine d'infanterie; *Goltzius fecit*, 1587. Portrait d'une dame de condition; *Goltzuis*, 1589. Deux belles épreuves.

ÉCOLE FRANÇAISE.

PEINTRES ET GRAVEURS FRANÇAIS.

138. ***École de Fontainebleau.*** — Huit pièces d'après le Primatice et le Rosso, par Léon Davent, Dominico Fiorentino, René Boivin, et des graveurs anonymes.

139. **Duvet (Jean).** — Un chasseur apporte des présents à un roi qui est assis auprès de Diane (54); sujet faisant allusion aux amours de Henri II et de Diane de Poitiers. Pièce rare.

140. **Androuet-Ducerceau**, *architecte et graveur.* — Boucles d'oreilles et boucles de ceintures pour modèles de bijouterie. Suite d'arabesques. 1550. En tout 98 pièces.

141. Panneaux d'arabesques, soixante pièces sur trente feuilles.

142. Temples, églises et divers monuments de Rome. Trente-quatre pièces.

143. Meubles, tables, miroirs, enseignes, écussons pour clés, clés, targettes pour verroux, burtois, poignées pour tiroirs, panneaux d'ornements, cartouches et autres objets. Cinquante-trois pièces rares, gravées par Ducerceau.

144. Les Arcs triomphals. Vingt-trois planches sans frontispice. Belles épreuves. Un vol. in-fol., rel. vélin.

145. Livre d'architecture contenant les plans et dessaings de cinquante bastimens tous différens....., etc., par J. Androuet-Ducerceau. Paris, 1559, in-fol., fig. (64), rel. du temps en maroquin noir, gauffré, ornements dorés (manque le titre).

146. Léonard Gaultier. — Henri IV, Marie de Médicis et leurs enfants, Louis, dauphin depuis Louis XIII, Gaston, duc d'Orléans, le duc d'Anjou, Madame Christine, Madame Élisabeth, depuis femme de Philippe IV. Tous ces portraits, sur une même ligne, sont vus à mi-corps dans des niches architecturales, au-dessous de chacun des personnages des cartouches où l'on lit leur nom. Ces cartouches, posés sur un entablement orné et destiné à recevoir un almanach pour lequel cette planche avait été gravée. Cette estampe, de la plus grande rareté, est belle d'épreuve et bien conservée.

147. Henri IV, Marie de Médicis, Marguerite de Valois, Henriette de Balsac, Gabrielle d'Estrées, Charles de Bourbon, Louis Charon, César Baron, Michel L'Hôpital, et autres portraits et divers titres de livres. Vingt-huit pièces.

148. Fornazeris (J. de), *peintre et graveur florissant vers* 1600. — Tucius Lucensis, Paul V, pape; titre de livre. Trois pièces rares, d'un burin très fin, dans le goût de Vierix.

149. **Thomas de Leu.** — Henri IV sur son trône, Louise de Lorraine, Philippe II, Henri d'Orléans, Antoine de Murat, Charles de Gonzague, Pierre d'Arles, Drack, voyageur anglais, d'après Rabel, etc. Dix-sept pièces, belles épreuves.

150. Éléonore d'Autriche, Catherine de Médicis, reine de France, Catherine de Bourbon, Louise de Lorraine, la duchesse de Nemours, les ducs de Nemours, de Montpensier, de Joyeuse, Charles de Lorraine, de Bourbon Condé, comte de Chaligny, et autres princes et princesses de sang royal; plusieurs de ces portraits édités par Jean Leclerc, Gourdelle, Paul de la Houue, etc.; le cardinal de Bourbon, par Gourmont; Christophe, prince de Portugal, gravé par Gaspard Isaac, et peint par Daniel Dumoustier, en 1632. En tout quarante-cinq portraits.

151. **Firens (Pierre)**, *graveur vers* 1600. — Henri IV guérissant les écrouelles, pièce historique rare. Portraits de Louis XIII et d'Anne d'Autriche sur une même estampe.

152. **Gellé** dit **le Lorrain (Claude).** — Suite de paysages numérotés 1 à 12. Ce sont les numéros du Peintre-Graveur français, 5, IVe état; 6, IIIe état; 7, IIe état; 8, IIe état; 9, IIe état; 10, IIe état; 11, IIe état; 12, IIIe état; 13, IIe état; 14, IIe état; 15, IIIe état; 16, IIe état. Belles et anciennes épreuves (*). Cet article pourra être divisé

153. Le Campo Vaccino (23), contre-épreuve du IIe état; le Troupeau en marche par un temps orageux (18), IIIe état.

154. Vue d'une place de Rome, où se voit à gauche l'hôtel de l'ambassade d'Espagne (n° 38). Pièce rare; la marge du bas est coupée au trait carré de la gravure.

155. **Poussin (Nicolas).** — Christ descendu de la croix,

(*) Le Peintre-Graveur français, par M. Robert-Dumesnil, 7 volumes in-8° de parus. Prix 6 fr. chaque.

par Chauveau; Paysage, par Chatillon, celui où sont trois capucins au premier plan; Bacchanales et les Hespérides. Quatre pièces.

156. **Callot (Jacques).** — La foire de Florence. *fe. Florentiæ et excudit Nancey.* 2e planche, belle épreuve.

157. Vues de Paris, parterre de Nancy, l'Éventail, le jeu de boules, la chasse au cerf, portrait de Dervet, etc., figures grotesques d'après Callot. Vingt-trois pièces.

158. *Trattato delle piante et imaginis de sacri edifizi de terra santa in Firenza.* 1619, in-4° rel. en v., fig. de Callot.

159. *Scetta d'Alcuni miracoli, e Grazie della santissima nunziata di Firenze, descritii Dal P. F. Gio. Angiolo Lottini. In Firenze* 1619, in-8° vél., figures gravées par Callot. Bel exemplaire d'un recueil rare.

160. **Deson (Nicolas),** *rhémois.* — Le somptueux frontispice de l'église de Notre-Dame de Reims, ville du sacre, 1625.

161. **Mellan (Claude).** — Divers saints. Anne d'Autriche présentant son fils à la Vierge, portraits de Richelieu, prince de Conty, Henriette de Frontenac, Louis Habert, De Verdun, Anne de la Brosse, etc. Treize pièces.

162. **Lasne (Michel).** — Anne d'Autriche, d'après Nocret; la même reine en costume royal, la main appuyée sur un paon; de Gondy, archevêque de Paris, cardinal de Bérulle, etc. Six pièces.

163. **Bosse (Abraham).** Les Œuvres de miséricordes, le cordonnier, le baptême, le contrat, le chirurgien, l'odorat, l'Enfant prodigue de retour chez son père, la Galerie du Palais, l'Air, femme assise faisant de la tapisserie, une cheminée. Dix-sept pièces, plus les cinq Sens, par Couvay, et un costume de femme. En tout dix-neuf pièces.

164. **Flamen (Albert).** — Vues des environs de Paris; suite de quatre estampes, nos 520 à 523, IIe état. Autres paysages, no 532, 515, 501. Huit pièces.

165. **Nanteuil (Robert).** — Duc de Longueville, 149; P. Bouchu, 47, Ier état; maréchal de Créquy, 81; Bochart de Sarron, 42.

166. Duc d'Épernon, 91, IIe état; Charles de Lorraine, 63; duc de Bouillon, 50, Ier état; Turenne, 232, IIe état; Mazarin assis dans sa galerie des Antiques, 185; De Guénégaud, 106, Ier état.

167. Le Paultre, 127, IIe état; Ménage, 188; Feret, 95; Sarrasin, 220, etc. Sept pièces, plus le portrait de Forbin Janson, par Masson.

168. **De Larmessin (Nicolas).**—Marie, princesse de Pologne, reine de France; Louis, dauphin, et Marie, dauphine de France. Trois pièces d'après Vanloo.

169. **Maîtres divers.** — Duc d'Orléans, d'après Coypel, par Drevet; P. de Montarsis, d'après Coypel, par Edelinck; divers autres portraits d'après Rigaud et Mignard, par Drevet, Poilly, etc.; le portrait de Ch. de Lafosse, d'après Rigaud, par Duchange, épreuve avant la lettre. Huit pièces.

170. Pierre Séguier par Audran, Bignon par J. Audran, et autres portraits par Huret, Vallet, Dupuis, Demarcenay et autres graveurs français.

171. **Watteau (Antoine).** — Femme assise tenant un éventail. *Watteau inv. et fecit.* Retour de chasse par B. Audran, et sujets galants gravés par Surrugue, N. Cochin et autres.

172. Louis XIV mettant le cordon bleu à Monsieur de Bourgogne, père du roi Louis XV, gravé par N. de Larmessin. Belle pièce rare.

173. **Lancret (Nicolas).** — Pastorales et sujets galants gravés par N. de Larmessin, Le Bas, etc.

174. **Chardin (Jean-Baptiste).** — Scènes d'intérieur. Dix pièces gravées par Charpentier, Le Bas, Cochin, etc.

175. **Pater (Jean-Baptiste).** — Histoire de Ragotin, tirée du roman comique de Scarron. Dix-sept pièces gravées par B. Audran, Surrugue, Jeaurrat, etc.

176. **Oudry (Jean-Baptiste)** — Sujet de chasse, quatre pièces gravées à l'eau-forte, n° 1 à 4 ; plus quelques animaux d'après ce maître. En tout quatorze pièces, deux lots.

177. **Beauvarlet (Firmin).** — Molière, d'après S. Bourdon; Madame de Pompadour, d'après Drouais. Deux estampes épreuves avant la lettre, rares.

178. Portrait de Molière, d'après Mignard, gravé par Nolin, en 1685; plus un double de celui par Beauvarlet, épreuve avec la lettre.

179. **Maîtres divers des XVIIe et XVIIIe siècles.** — Bouquets, couronnes et corbeilles de fleurs gravées par Baptiste Monnoyer, et d'après lui par Vauquier, et autres cahiers de fleurs à l'usage des orfèvres. Trente-trois pièces.

180. Fuite et repos en Égypte, quatre pièces (n°s 17, 25, 26, 27, I^ers états) à l'eau-forte, par Sébastien Bourdon; le Midi, par Le Brun; portrait de Simon Vouët, par Perrier, 1632; six différents sujets de la Sainte-Famille, par N. Loir (n°s 2, 3, 4, 6, 7, 11, I^ers états); saint Jean au pied de Jésus, par H. de La Hyre (9), et Christ au tombeau d'après S. Vouët, par Daret. Quatorze pièces.

181. Paysages gravés à l'eau-forte, par Théodore, d'après Fran-

cisque, autre de Guaspre Poussin, Montaigne et Mauperché. Treize pièces.

Vues de Rome et de la villa Pamphille. Vingt-cinq pièces, par Dominique Barrière et autres.

182. Vues de France et vues de Rome, par Israël Silvestre, et paysages par Perelle. Cinquante-deux pièces.

183. Vues de châteaux, palais, églises, jardins, de Paris et de France, etc. Cent quarante-huit pièces gravées par I. Silvestre et J. Marot, un vol. in-4° oblong relié en vélin.

184. Combats de cavalerie, Bacchanales, paysages, etc., par Courtois, Brebiette, Parocel, Eisen, Goyrand, Le Paultre et autres maîtres français. Soixante-dix-huit pièces.

185. Judith; Démocrite, deux pièces à l'eau-forte par Coypel; autres sujets gravés d'après Courtin, Moreau le jeune et autres; le portrait de mademoiselle Sallé d'après Fenouil. Dix-sept pièces.

186. Qu'en dit l'abbé? lecture du poëme épique; l'essai du corset. Trois pièces d'après Lavreince et Wille fils, par Delaunay et Dennel; épreuves avant la lettre. Plus la Judith d'Allori par Alexandre Tardieu; épreuve avant la lettre.

ORNEMENS POUR L'ORFÉVRERIE, LA BIJOUTERIE, LA DAMASQUINURE, POINTS COUPÉS, BRODERIES, ETC., PAR DES ARTISTES DU XVIe AU XVIIe SIÈCLE.

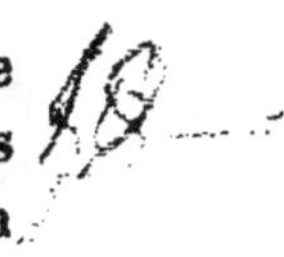

187. Cinq vases d'orfévrerie et un chandelier renaissance, d'une grande richesse de ciselure, gravés par un anonyme. Ces jolies pièces sont de la plus grande rareté. Cet article sera divisé.

M. Ovide Reynard, dans l'ouvrage d'ornement publié par M. Hauser, II liv., n° 65, donne un vase tout à fait identique au nôtre, il indique la marque M Z, les nôtres n'en portent pas.

188. Ornements pour la damasquinure, par Baltazar Silvius, en 1554. Vingt-six pièces rares.

189. Compartiments, cartouches à l'usage des peintres, dessinés par Jean Vreedman, et publiés à Anvers en 1555. L'intérieur de ces cartouches contient des sentences de philosophes grecs, et aussi quelques sentences françaises. Quatre-vingt-quatorze pièces.

190. Cartouches d'ornements gravés en bois. Jean Liefrinck *excudebat* 1556. Vingt-cinq pièces.

191. Panneaux d'ornements, par Jérôme Cock, d'après C. Floris, 1556. Dix-sept pièces.

192. Tombeaux, ornements, compartiments, par C. Floris, en 1557. Trente-une pièces.

193. Suite de vases par C. Floris, Anvers, 1558. Seize pièces; plus sept de la suite gravée par Augustin Vénitien.

194. Vases par Enée Vico, seize pièces. Masques antiques, trente-neuf pièces. *Nova racolta di varie e diverse sorti di fiori disegnati al naturale da I. Bailly, Roma* 1681. Treize pièces in-fol. brochées. En tout soixante-douze pièces.

195. Détails d'architecture et d'ornements. *Uriese invenior. Cock excudebat,* 1563. Vingt-deux pièces.

196. Ornementation à compartiments, ornée de sujets sacrés et profanes, de l'invention de J. Floris et autres artistes flamands au XVIe siècle, et éditée par H. Cock en 1566. Trente-une pièces rares.

197. Compartiments, cartouches et trophées à l'usage des peintres, par J. Floris et Volck, édités par H. Cock en 1567. Cinquante pièces rares.

198. Livre (sic) nouuau dict patros de lingerie, broderie et tissuterie, etc., on les vend à Lyon en la maisô de Claude Nouriy, dit le Prince. S. D. 28 fig. — Sensuyuet les patros de messire Anthoine Belyn, recluz de Sainct Marcial de Lyon, etc. S. D. fig. 17, in-8°, demi-rel.

199. *Corona delle nobili et virtuose donne.... etc.*, in *Venitia à presso Cesare Vecellio*, 1591 *à* 1597, quatre parties (manque le titre et la dédicace de la première partie et huit planches). *Specchio delle virtuose donne. Disegnati da Isabella Catanea Parasole*, in Roma 1595. — *Fiori di Ricami nuavamente posti in lvce. Ne i quali sono varii et diversi disegni di Lavori. In Fiorenza* 1596. Ces six parties in-8° obl. reliées en vélin. Livre curieux et très rare, de points coupés pour dentelles et guipures.

200. Arabesques des dieux de la fable, d'après le Rosso; alphabet singulier, trophées et autres ornements, frises, etc., par divers artistes du XVIe siècle. Trente-quatre pièces.

201. Ornements pour la bijouterie, dont un pendant d'oreilles, par Woeriot; autres à monogramme inconnu. Dix-huit pièces.

202. *Grotis por les orfeures et aultre artissien* (*sic*), *Théodore de Bry fe. et ex.* 1539. Dix pièces.

203. Entrées de serrures, clefs, consoles, pommeaux d'épées, inventés et gravés par Jacquard, maître armurier de Bordeaux, vers 1613. Dix-huit pièces rares.

204. Ornements pour les tapisseries en cuir du XVIe siècle. Douze pièces.

205. Feuilles servant à l'orfévrerie, inventées par P. de la Barre, maître orfèvre à Paris. Trois pièces gravées par J. Briot. Rares.

206. Plusieurs pièces d'ornements d'arquebuserie, par de La Feuille, 1693; dessins pour embellir les chaires rou-

lantes, par N. Loir; divers dessins d'ornements par Le Paultre; panneaux d'appartements et de cheminées, par Berrain. Quarante-cinq pièces.

207. Nouveaux dessins pour l'orfévrerie, inventés et gravés par Masson; autres par Gilles l'Égaré, etc. Vingt-cinq pièces.

208. Ornements pour la bijouterie, pendants d'oreilles, etc. Vingt-quatre pièces sans nom d'auteur.

209. Ornements pour la bijouterie et l'orfévrerie, pendants d'oreilles, agrafes, diadêmes, ceintures, boucles, boîtes, étuis, etc., par Albini, Morison, Bourdon, 1703 à 1744. Quarante pièces.

COSTUMES, FAITS HISTORIQUES, VUES DE VILLES, ETC.

210. Louis XIV sacré roi de France dans l'église de Reims. Deux grandes pièces par Le Paultre.

211. Appartement de Louis XIV; madame de France, par Habert; Louis XIV donne le bâton de maréchal de France au comte de Lude; le prince de Condé; Louis XV et sa famille; mariage de M. le comte de Provence, en 1755, avec Marie-Louise de Savoie. Six pièces.

212. Personnages et costumes du règne de Louis XIV, dit Messieurs et Mesdames à la mode. Soixante-neuf pièces publiées par les Bonnart, Mariette et autres.

213. La famille de Ferdinand VI, d'après Amiconi, par Flipart; portrait d'Isabelle de Castille, d'après Vignon; la Reine annonçant à Mme de Bellegrade la liberté de son mari. Trois pièces.

214. *Pompa introitus Ferdinandi Austriaci Hispaniarum infantis, etc., Antuerpiæ.* Grand in-fol. Ouvrage curieux pour les figures dessinées par Rubens et gravées

par Van Thulden. Cet exemplaire unique est imprimé sur peau de vélin, et les planches ont été coloriées par les élèves de Rubens. Il y manque quelques planches et des feuilles de texte.

214 *bis*. Le même ouvrage sur papier ; bel exemplaire.

215. *Ragguaglio delle nozze delle maesta di Filippo Quinto e di Elisabetta Farnèse, celebrate in Parma.* 1714. In-fol. fig. (6), rel. en veau.

216. Cortège et cérémonie, à Parme, pour les noces d'Elisabeth de Farnèse et de Philippe V. Deux grandes pièces coloriées.

217. Réception de la reine-mère, Marie de Médicis, dans les villes de Bruxelles et Mons ; diverses espèces de supplices des temps anciens et modernes. Dix-huit pièces.

218. Vue de la cité de Lyon, par Baltazard Bos, en 1550 ; Calais, Guines ; combat sur les côtes de France, près Calais, en 1558 ; vues de Paris en 1557. Six pièces rares.

219. Grenoble, Marseille, Saumur, Angers, Chably, Paris, La Charité, Dijon, sept vues du château de Meudon, vue de la maison du Père La Chaise ; en tout dix-sept pièces, par et d'après Israël Silvestre, Perelle, Rigaud et autres.

220. Vues de villes, paysages, ruines de Rome, ports de mer, par H. Bol., Cock, Breughel et autres. Imprimé à Anvers en 1558. 1 vol. petit in-fol obl., avec 68 feuilles.

221. *Topographia Galliæ Francofurti apud Gasparum Merianum,* 1565. In-fol. veau, fig. (14), représentant Paris et toutes les villes de France.

222. *Castella et prætoria nobilium Brabantiæ, etc., Antuerpiæ,* 1697. In-fol., rel. en veau. Cet ouvrage contient les anciens châteaux, abbayes et cathédrales du Brabant ; de ce nombre est celle d'Anvers et de St-Rombaut de Mechelen, gravé par Hollar.

223. *Le Fontane di Roma da G. B. Falda, Roma,* in-fol. obl. vélin, 29 planches dessinées et gravées par Falda, et le titre gravé par César Fantetti.

PORTRAITS.

224. Rois de France depuis Pharamond jusqu'à Henri IV, carrés ronds dans des bordures ornementales. Quatre-vingts pièces.

225. Henri IV, Marie de Médicis, Louis XIII, Louis de Bourbon de Condé, cardinal de Retz, le duc de Guise, Anne-Marie d'Orléans, Pierre de Françavilla, d'après Jac. Bunel, etc. Dix-huit portraits.

226. D'Anne d'Autriche, plusieurs portraits, Richelieu, etc., six portraits par C. Galle, M. Lasne, etc.

227. Portraits de personnages célèbres de tous états, tirés des suites publiées par Daret, Montcornet, Desrochers et Odieuvre, plusieurs sont avant la lettre. Soixante-dix-huit pièces.

228. Marie d'Orléans, d'après Juste d'Egmont. Marie-Clotilde de Savoie, reine de Sardaigne, et divers portraits de personnages du règne de Louis XIV, publiés par Crespy. Onze pièces.

229. Portraits de Louis XV, de Marie Leczinscka, Monsieur, comte de Provence, Louise de Savoie, Madame, le comte d'Artois, Marie-Antoinette, Joseph II, et autres souverains, princes et princesses, de 1750 à 1800. Vingt-sept pièces.

230. Louis XIV et Marie Leczinska. Phélipeaux, comte de Maurepas : portraits en pied ; Marie Leczinscka en buste. Quatre pièces d'après Vanloo.

231. **Maurice de Saxe, Fouquet de Belle-Isle, Élisabeth de Gouy, femme de H. Rigaud; trois pièces par Wille. Prévost, Guyot Desfontaines, et Louise Viedebant, femme Schmidt; trois pièces par Schmidt de Berlin.**

232. Portraits des philosophes et médecins grecs. Quarante-huit portraits.

233. Famille des Médicis. Quarante-un portraits in-folios gravés par A. Halluech.

234. Portraits de divers personnages, souverains, princes et princesses, hommes de guerre, anciens peintres flamands au XVIe siècle, etc. Quarante-cinq pièces.

235. Portraits d'hommes célèbres d'Italie; suite de portraits des souverains et princes allemands, etc. Deux cent un portraits ornant divers ouvrages d'histoire.

236. *Imperatorum et Cæsarum vitæ, cum imaginibus ad unam effigiem expressis.* 1534, *in-8°* vél., fig. en bois.

237. Les douze empereurs et impératrices romains; gravés par G. Sadeler, d'après le Titien. In-fol.

238. *Elogio di capitani illustri scritti da Lorenzo, Crasso, Napoletano, baroni di Pianura. Venezia*, 1683, in-fol., fig. rel. en vélin.

239. *Ducum Brabantiæ chronica Hadriani Barlandi.* Antverpiæ, 1600. Petit in-fol., v., fig. (Trente-six portraits des ducs de Brabant, bien gravés.)

240. *Joannis de Thwrocz, cronica Hunganorem.* Un vol. in-4°. Lettres gothiques. Livres curieux par les 43 figures et portraits gravés sur bois et coloriés. Édition du XVe siècle.

241. *Le Vite de Pontefici di Antonio Ciccarelli. Roma, anno* 1588. In-4°, vél., fig. (232). Portraits des papes gravés par Cavallerius. Ex. incomplet.

242. Gaspar ab Avibus, nommé aussi *Gaspard Patavinus* et *Gaspar Padovano*, né à Padoue vers 1530. — Recueil contenant les portraits en pied avec bordures allégoriques des princes et princesses de la maison d'Autriche. Ce recueil, divisé en cinq parties, gravé en 1569, est très rare. Très grand in-fol., vél. blanc, de 58 planches, très belles épreuves (manque le n° 49).

243. Saint Pierre Nolasques et les frères de la Merci. *Cl. Mellans Gallus delineavit Roma.Franc. Ruiz P^or. Reg. fecit Matriti.* Quatre-vingt-dix-huit saints. Trente-quatre portraits de chevaliers de Malthe, gravés par *Ph. Thomassin.* Un vol. in-fol. vél.

244. *Res Turcicæ. etc. Authore Jani Jacob, Boissardi.* 1632. In-4°, vél., fig. par Théodore de Bry.

245. *Pannoniæ historia chronologica res per Ungariam, etc. Francf., anno* 1696. Avec portraits de Théod. de Bry. Un vol. in-4°, vél.

246. Suite de portraits de souverains et personnages célèbres au XVIIe siècle, publiés par Montcornet. Cent quatre-vingts pièces. Belles épreuves. Un vol. in-4°, basane. Rare.

247. Quarante portraits d'artistes et de savants de la fin du XVIIIe siècle, la plupart dessinés par N. Cochin, et gravés par de Saint-Aubin, Cars, Daullé, etc.

Recueils d'Estampes

SUR L'HISTOIRE, LES SCIENCES ET ARTS, LES BEAUX-ARTS.

HISTOIRE SACRÉE.

248. *Regi seculor mortali, etc.*, Christophe Plantin, 1571. In-8°, vélin, fig. de l'Ancien et du Nouveau Testament, gravé par J. Wierx et A. de Bruyn et autres graveurs hollandais.

249. *Rosario della sacrat. virgene Maria madre di Dio. Romæ*, 1585. In-4°, vélin, fig. bien gravées dans le goût de C. Cort.

250. *Rosario della loriosa virgene Maria. Di nuono stampato, connuone et belle figure adornato. Venetia*, 1585. In-12, fig. en bois, rel. en vélin.

251. *Triumphus Jesus-Christi crucifixi per R. P. B. Riccium. Antuerpiæ*, 1608, *A. Collaert figuras sculpsit.* In-4°, vélin.

252. *Considerationi sopra tutta la vita di N. S. Giesu Christo del R. P. B. Ricci.* In Roma, *Zanetti*, 1610. In-4°, vélin, fig.

253. *Profetie dell' abbate Gioachino et di Anselmo Vescouo di Marsico, in Padoua*, 1625. In-4°.

254. *Revelatio ordinis sanctissimæ trinitatis Redemptionis captivorum, etc. Parisiis*, 1633. Vol. in-fol., vélin, avec 25 jolies estampes gravées par Théod. van Tulden.

255. *La Torre Farfan Fiestas de la S. eglesia de Sevilla al muro culto de S. Fernando rey a Castilla y Leon. Sevilla*, 1671. Petit in-fol. avec grand nombre d'estampes gravées à l'eau-forte par plusieurs peintres de l'école de Murillo.

256. La manière de se bien préparer à la mort. Anvers, 1700. In-4°, f. vél., fig. (39) bien gravées.

257. *Saphicæ Petri Busseroni Medici... Horæ a salutifero Christi adveniri, etc. Lugduni*, 1538. Petit livret avec de charmantes gravures sur bois et entourages. Nouv. rel., bonne conservation.

SCIENCES ET ARTS.

258. *Anatomia Mundini, etc. Navpengi*, 1541, avec figures sur bois. Un vol. in-4°, vél.

259. *De conceptu et generatione hominis de matrici et eius partibus, nec non de conditione infantis in utero, etc.* Jacobi Rueffi, *chirurgi Tigurini. Francforti, anno* 1580, in-4°, fig. en bois.

260. *Symbolorum et emblematum ex animabilis quadrupedibus. Joachimo Comerario, medico. Norimberg*, 1595. In-4°, vélin, fig.

261. *Delle caccie di Eugenio Raimondi Bresciano. Venetia*, 1630. In-4°, vélin, fig. gravées par N. Perry, représentant des chasses.

262. Traité des pierres précieuses et de la manière de les employer en parure, par Pouget. Paris, 1762. In-4°, fig. (79), demi-rel.

263. *Teatrum instrumentorum et machinarum, etc. da Besoni Lugduni*, 1502. — Livre riche en gravures sur cuivre, Curieuses sous le rapport des sciences industrielles et arts et métiers. In-fol., rel. en vélin.

264. *Opera nova de Achille Marozzo Bolognese, mastro generale de l'arte de larmi. In Venitia*, 1550. In-4°, vélin, fig. en bois.

Beaux-Arts.

NUMISMATIQUE, ARCHITECTURE, PEINTURE.

265. *Di Lucio Vitruvio Pollione;* in-fol., etc. *Gotardus da Ponte. Milanese*, 1521; in-fol., demi-rel., fig. en bois. Bel exemplaire d'un Vitruve, très rare.

266. **Wendelino Dietterlin.** — *Architecturæ de Constitutione, symmetria, ac proportione quinq. columnarum*, etc. *Norimbergæ*, 1598. In-fol., rel. en vélin, 208 pl. (manquent 8 planches). Ce recueil, qui est rare, est recherché pour le détail et la richesse des ornements gothiques et de la renaissance.

267. *Variæ architecturæ formæ a Ioanne Vredemanni Vriesio ac Antverpiæ excudebat Th. Gallæus*, 1601. In-4° obl., contenant 125 pièces, portiques, puits, cartouches, etc.

268. Traicté de quarante portiques d'architecture et arcs triomphaux, par Alexandre Francini, florentin. Paris, Tavernier, 1631. In-fol. de 40 pl., gravées par Melchior-Tavernier.

269. **Blumen Seaulembuch.** — Livre d'architecture en allemand, imprimé à Zurich en 1660. Grand nombre de figures sur bois dans le goût de *Ducerceau*. In-fol. broché.

270. *Scietta de Varii Antichi. da Montano Milanèse. In Roma*, in-fol., vélin, fig. 48; plus 14 planches de façades d'église.

271. Œuvres d'architecture de Jean Le Paultre, architecte et graveur. Paris, Jombert. Deux vol. in-fol., dem.-rel., contenant 670 estampes.

272. *Nova geometria practica super charta et solo. Amstlelodami*, 1692. In-12, fig. de Sébastien Leclerc.

273. Pratique de la géométrie sur le papier et sur le terrain. Paris, Joly, 1669, in-12, vélin, fig. de S. Leclerc.

274. *Omnium Cæsarum verissimæ imagines ex antiquis numismatis desumptæ. Æneas vicus, Parm. F.*, *anno* 1553, in-4°, vélin, fig.

275. *Commentariorum in vetera imperatorum Romanorum numismata Æneæ Vici. Venetiis*, 1560, in-4°, fig.

276. *Deorum dearumque capita ex antiquis numismatibus Abrahami Ortelii. Antverpia*, 1604, in-4°, fig.

277. *Renovatie Gan't Placcaet van de Munte van den 21 july*, 1622. Graven Haghe, 1626, in-4°, vélin, fig. de sceaux et monnaies des Pays-Bas.

278. *Observazioni istoriche di domenico Maria Manni. Firenze*, 1739. Sept vol. in-4°, brochés (manque 2e, 4e et 6e vol.).

279. *Illustri fatti Farnesiani coloriti nel Real palazzo di Caprarola dai Fratelli Taddeo Frederico e Ottaviano Zucari. Roma*, 1748. In-fol., veau dentelle, tr. dor., 36 pl. gravées à l'eau-forte par Prenner. Rare.

280. *El teatro de pinturas de David Teniers* (Théâtre des peintres) *en Brusselas*, 1660. Ce recueil, gravé d'après les tableaux de la galerie de l'archiduc Léopold, contient 246 estampes, elles sont premières épreuves avant les numéros. In-fol., rel. en veau dentelle, tr. dorées. livre rare.

280 *bis*. *Degli abiti antichi et moderni di diversi parte del mondo libri due. da Cesare Vecellio. Venegia*, 1590, in-8°.

LIVRES D'EMBLÈMES, MYTHOLOGIE, ETC.

281. *Andreæ alciati emblematum libellus Lugduni Jacobus modernus excudebat*, 1545, in-12 vél., fig. en bois.

282. Recueil de trente figures allégoriques et emblématiques, gravées en Italie vers 1550, in-4° vél.

283. *Le Imprese illustre con espositioni, et discorsi. J. Russelli In Venitia, l'anno* 1566. In-4° vélin grand papier, figures très bien gravées de ce livre d'emblèmes et de devises des souverains de l'époque. (Manquent quatre feuillets.)

284. Figures emblématiques, par Abraham Ortelius. Anvers, 1573. In-4° vél., 55 fig.

285. *Impresse illustri di diversi coi discorsi di Camillo Camilli et con le figure intagliate in rame di Gerolamo Porro Padouano. Venitia*, 1586. In-4° vél., fig.

286. *Emblemata et aliquot nummi antiqui operis Joan Sambuci ex* officina Plantiniana 1590. In-16, fig. en bois, rel. en vélin gauffré.

287. *Q. Horatii Flacci emblemata. Antverpiæ*, 1607. In-4° vél., fig. très bien gravées. Bel exemplaire.

288. La doctrine des mœurs. Paris, Pierre Daret, 1646. In-fol. fig. rel. en v.

289. *Scrutinium Chimicum. Mich. Majeri*, *Francof*, 1687. Avec grand nombre d'emblêmes, rel. en v.

290. *Impresse nobili di principi et altri illustri personaggi*, etc. *Venetia*, 1633. Un vol. grand in-4°, rel. avec 72 estampes gravées par Gero Porro.

291. *Picta poesis ut pictura poesis erit. Lugduni, apud Mathiam Bonhomme*, 1552. In-12, fig. en bois, du petit Bernard.

292. La Métamorphose d'Ovide figurée à Lyon par Ian de Tournes, 1564. In-8° vélin blanc, fig. en bois, du petit Bernard.

293. *De Grotteschi di Gio Paolo Lomazzi Milanèsi Pittore. Milano*, 1587. In-8°, demi-rel.

294. *J. Pomi d'oro. Ricanati*, 1607. In-4° vél., fig. Manque le titre.

295. Métamorphose d'Ovide. Anvers, 1608. In-12, fig. en bois, texte en hollandais.

ARTICLE OMIS.

296. **Lioni (Octave)** dit **le Padouan.** — Portraits de princesses italiennes ; dessins à plusieurs crayons avec les dates de 1625 à 1679.

297. Tous les articles omis en estampes.

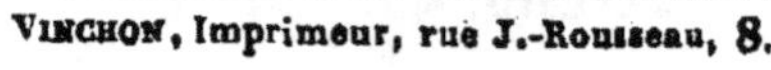

VINCHON, Imprimeur, rue J.-Rousseau, 8.

www.ingramcontent.com/pod-product-compliance
Lightning Source LLC
LaVergne TN
LVHW012017160826
845678LV00002B/887

* 9 7 8 2 3 2 9 6 6 8 9 6 3 *